ALOYS SCHMITT

ETÜDEN

für Klavier / for Piano

Opus 16

Band I

Vorbereitende Übungen

Preparatory Exercises

Herausgegeben von / Edited by

Adolf Ruthardt

EDITION PETERS

LEIPZIG · LONDON · NEW YORK

Inhalt / Contents

Anhang / Appendix

Ergänzungsübungen von Adolf Ruthardt / Supplementary exercises by Adolf Ruthardt

Exercices préparatoires

Vorbereitende Übungen | Preparatory Exercises

Übungen mit stillstehender Hand

Jede Übung ist 10-15 mal hintereinander zu spielen, und zwar so, daß die am Schluß stehende Viertelnote bis zur letzten Wiederholung fortgelassen wird. Erst mit der rechten Hand, dann mit der linken Hand allein und zuletzt mit beiden Händen zusammen, aber ohne die geringste Bewegung der Hände. Man beginne sehr langsam und steigere das Tempo allmählich, je nachdem die Finger Freiheit und Kraft erlangen.

Exercices à main fixée

Chaque exercice doit se jouer 10 - 15 fois de suite de façon à ne jouer la noire de la fin qu'après la dernière reprise. D'abord avec la main droite, puis avec la main gauche seule et enfin avec les deux mains ensemble, mais sans le moindre mouvement des mains. Commencer très lentement et accélérer peu à peu le mouvement à mesure que les doigts acquièrent plus de liberté et de force.

Exercises with the hand in stationary position

Each Exercise must be played at least 10 or 15 times; omitting the crotchet at the end, till the last repetition. First with the right, then with the left hand alone; and lastly, with both hands together, but without the least motion of the hands. Commence very slow, and as the fingers gather strength and freedom, increase the rapidity gradually.

Al. Schmitt, aus Op. 16

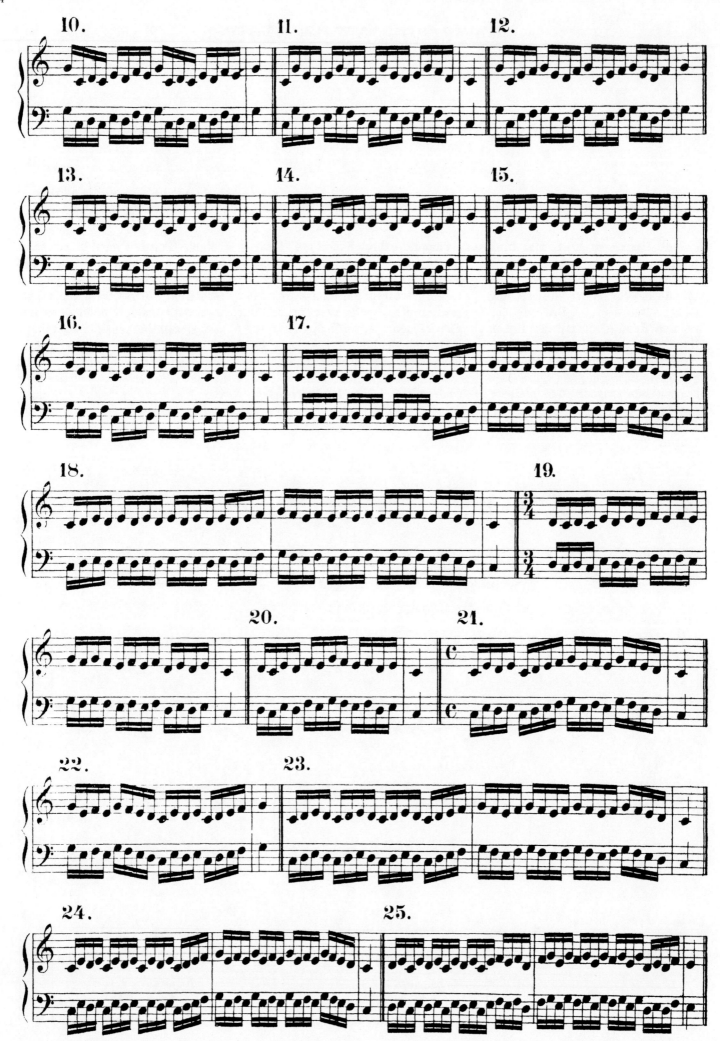

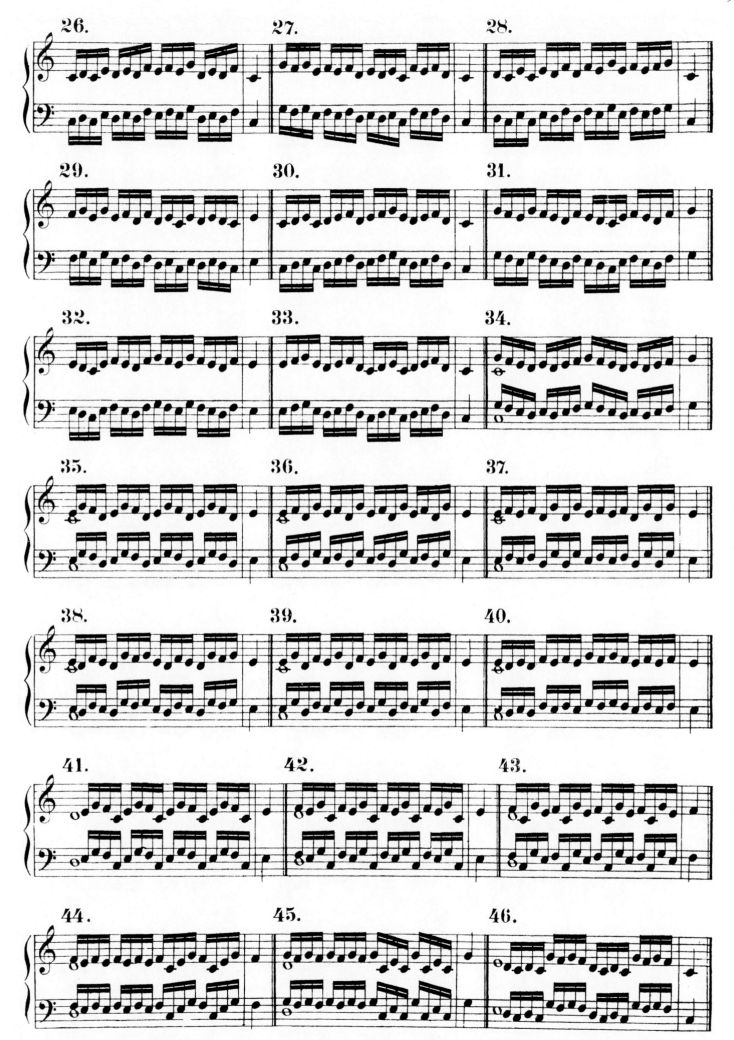

6

8368

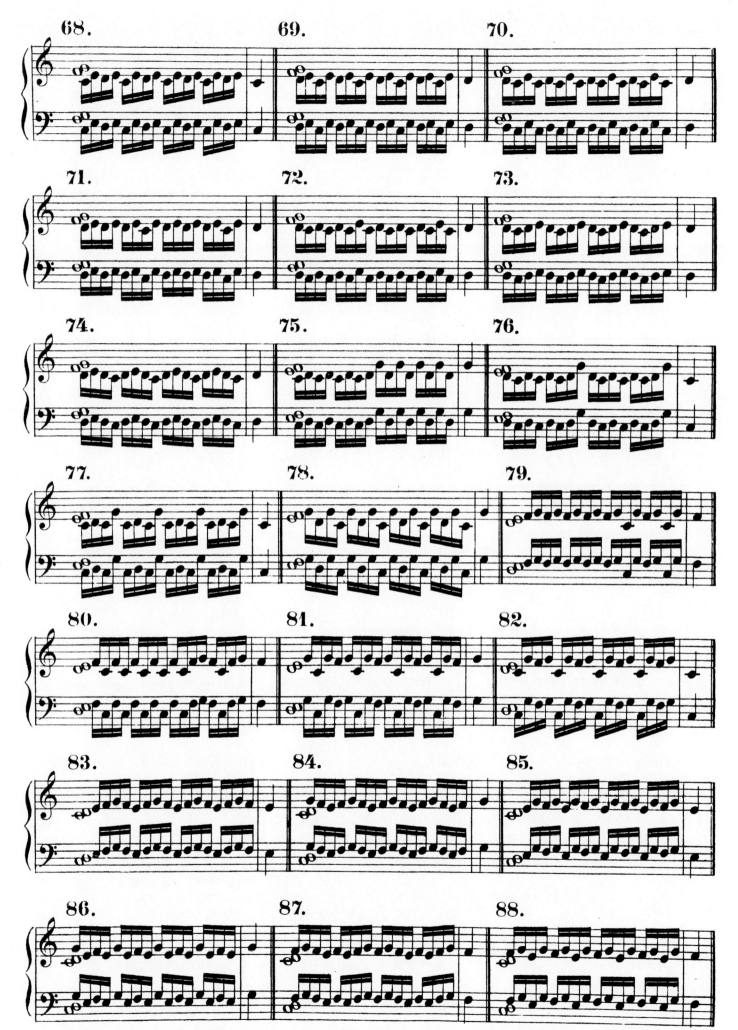

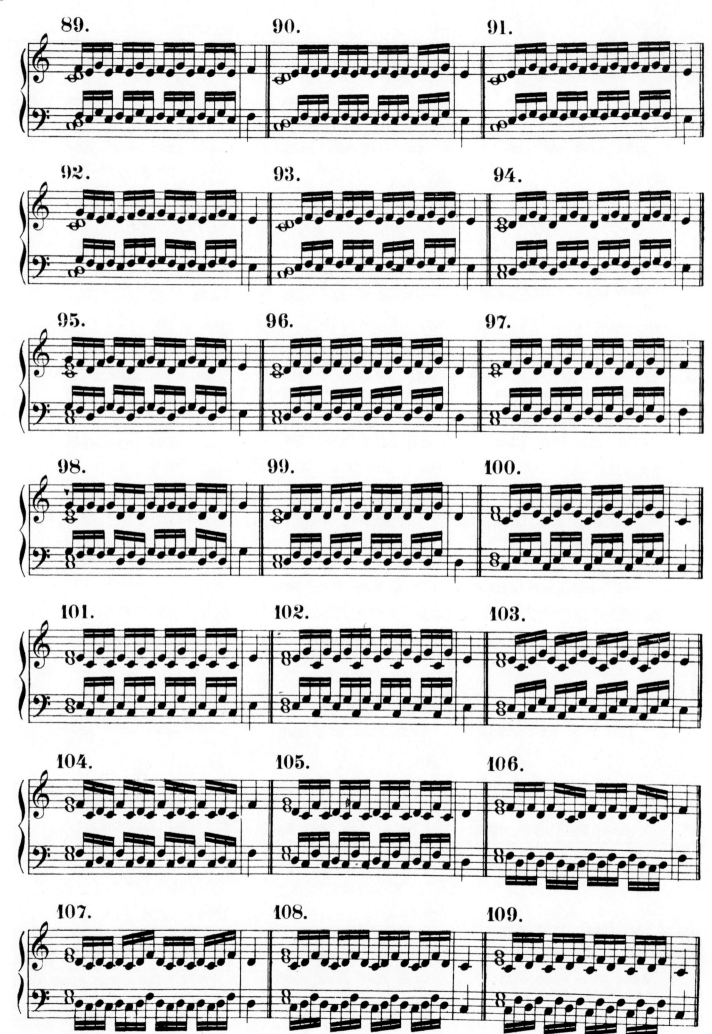

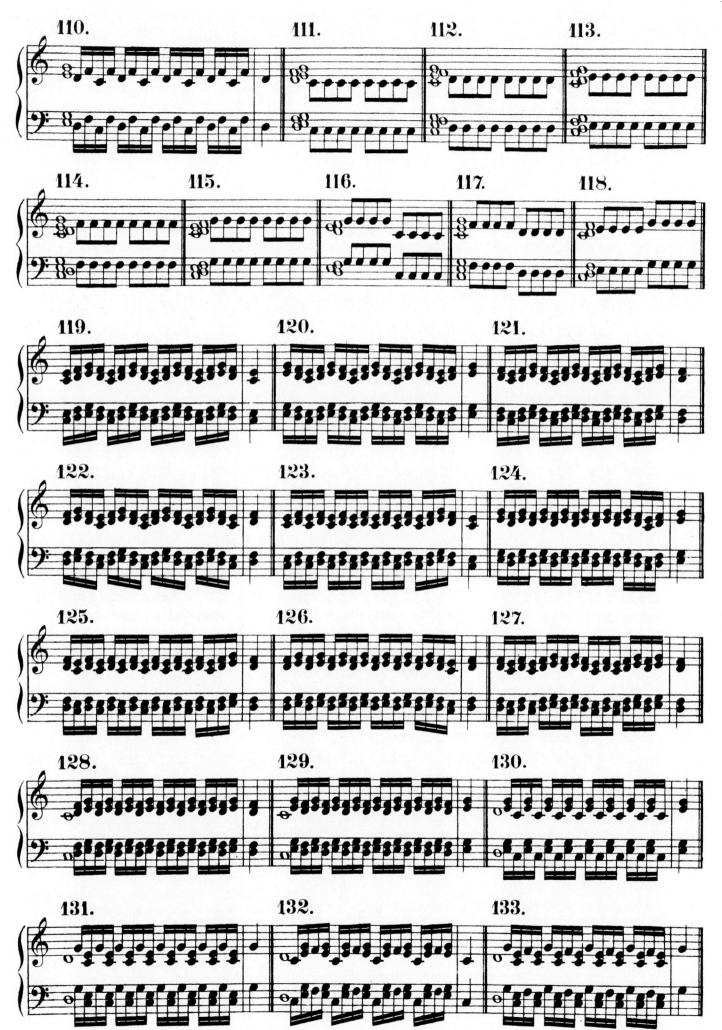

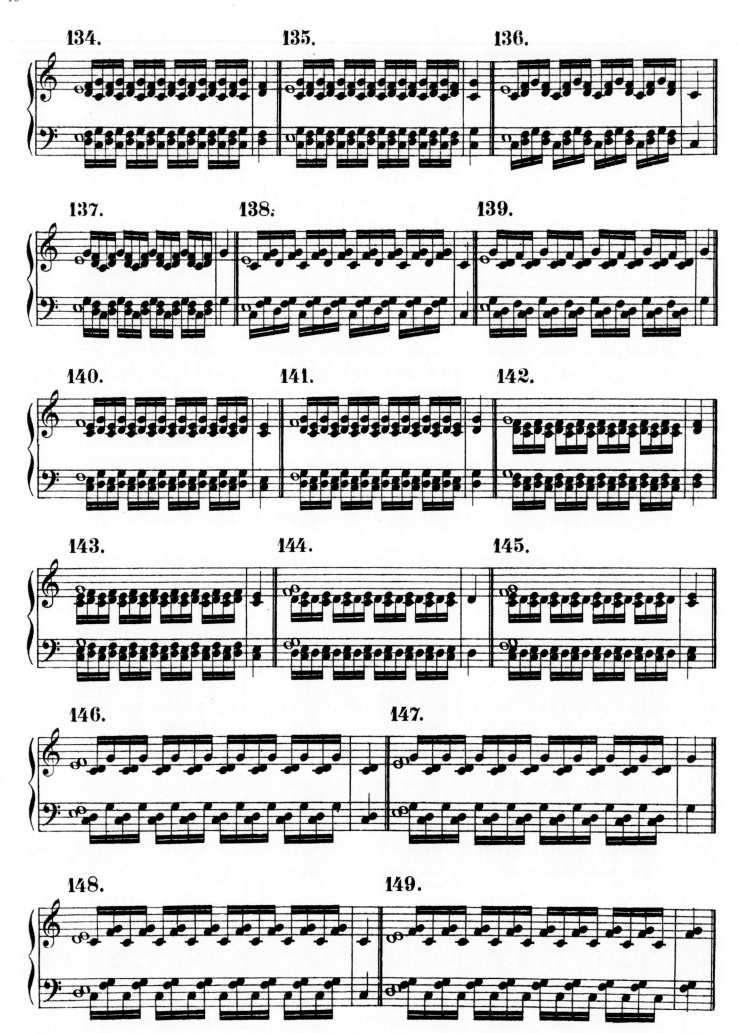

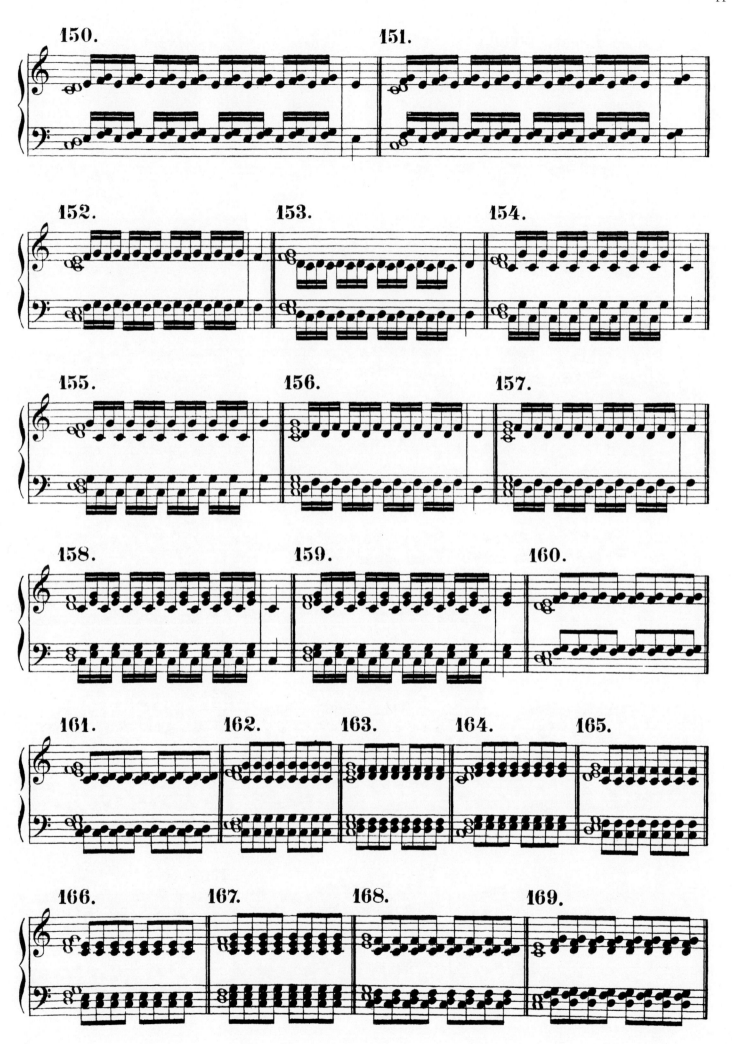

Übungen mit fortrückender Hand.

Exercices à main libre.

Exercises with shifting hand.

Die folgenden Übungen müssen die ganze Tastatur auf- und abwärts gespielt werden.

Les Exercices suivants doivent se jouer sur toute la longueur du clavier en montant et en descendant.

The following Exercises should be played, ascending and descending, over the whole Key-board.

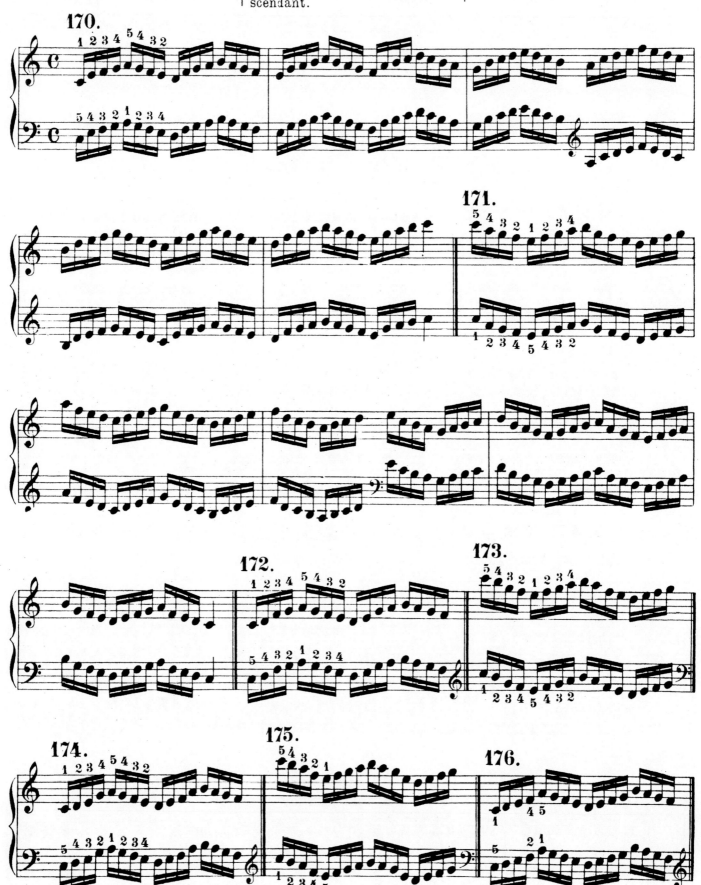

Übungen mit stillstehender
Hand in Gegenbewegung.

Exercices à main fixée
et par mouvement contraire.

(zu № 1 - 169)

Exercises with the hand
in stationary position
in contrary motion.

Ad. Ruthardt

Übungen mit fortrückender Hand. | Exercices à main libre. | Exercises with shifting hand
(zu Nº 170 - 213)

255.

256.

257.

258.

259.